La amabilidad es mi Superpoder

Alicia Ortego

*Dedico este libro a mis queridas abuela y madre.
Su amor y cariño han sido mi fuente de inspiración.
~ AO*

Copyright 2021 Alicia Ortego - Todos los derechos reservados

Ninguna parte de esta publicación o la información que contiene se puede citar o reproducir por ningún medio, ya sea impresión, escaneo o fotocopiado, sin tener previamente el permiso expreso por escrito del titular de los derechos de autor.

Aviso legal y condiciones de uso:

Se ha realizado un gran esfuerzo con el fin de asegurar que la información que contiene este libro sea completa y precisa. Sin embargo, la autora y el editor no pueden garantizar que el texto y los gráficos que se incluyen en el libro puedan sufrir modificaciones debido a la naturaleza de la información que contiene.

La autora y el editor no asumen ninguna responsabilidad por los errores u omisiones que puedan aparecer en el libro. Este libro únicamente se ofrece con fines motivacionales e informativos.

www.aliciaortego.com

Me llamo Lucas y soy un niño **normal**.
Y este es Teddy, el osito más **genial**.

Me gusta comer dulces, golosinas y **pasteles**.
Pero a veces cometo actos **crueles**.

Por ejemplo, ayer estaba de mal **humor**.
Así que hice algo con mucho **furor**.

Me burlé de mi amiga Lisa por sus **gafas**, y la hice llorar por **bocazas**.

Llegué a casa y colgué la **bufanda**.
Y mi mamá me pilló por **banda**.

Me dijo: *"Cariño, tu amiga Lisa está muy **afligida**.
Lo que hiciste está mal y se siente muy **dolida**".*

También me dijo: *"Tienes que ser **amable**"*.
Sabía que me había equivocado y me sentía **culpable**.

"¿Qué es ser amable?" Le pregunté a mi mamá **sorprendido**.
Me abrazó con afecto y me explicó lo que no había **comprendido**.

"Ser amable es cuando se dice algo **agradable**.

Puedes ser amable con un animalito y hacerlo sentir **adorable**".

"Puedes ser amable cuando tu hermana está **enfadada**.

Y también cuando una persona está **cansada**."

"Ser amable es cuando respetas a tus **tutores**.
Y cuando cuidas a niños y **mayores**."

"Ser amable es cuando ayudas a otras **personas**.
Y cuando no haces bromas **burlonas**."

Durante la noche pensé en sus palabras y no me podía **dormir**.
Yo también quería ser amable y hacer a todos **reír**.

Entonces se me ocurrió una idea por la **mañana**.
¡Empezar a ser amable sin **desgana**!

Me levanté con ganas de ser bueno y **amable.**
Y cuando mi mamá me hizo el desayuno, le di un beso **formidable.**

Después de desayunar colgué mi **pijama**.

Coloqué mis juguetes e hice mi **cama**.

Cuando subí al autobús quería hacer un **amigo**.
Y le pedí al niño nuevo que se sentara **conmigo**.

También le ayudé a conocer la **escuela**.
Incluso compartí con él mi bocadillo de **mortadela**.

Saludé a todos mis **compañeros**.
También dejé a otros niños mis **lapiceros**.

Después vi a Lisa un poco **triste**.
Y le ofrecí la mejor disculpa que **existe**.

*"Siento haberte molestado **ayer**".*
Lisa sonrió y me dijo: *"Gracias, me ha dejado de **doler**".*

Me di cuenta que ser amable era **genial**.
Así que decidí comportarme **fenomenal**.

En el patio, esperé pacientemente mi turno en el **tobogán**.
¿Y sabes qué? ¡Lo disfruté como si fuera **Tarzán**!

Fui amable y paciente. ¿por qué me iba a **enfadar**?
Así que cogí mi pelota e invité a Luis a **jugar**.

Recogí la basura del patio, ¡incluso la que no era **mía**!
Ser amable hacía que mi corazón latiera de **alegría**.

También dejé
a mi mamá **boquiabierta**,

cuando en la tienda ayudé
a un señor abriéndole la **puerta**.

Hicimos un pastel delicioso en menos de una **hora**, después de ayudar a cruzar la calle a una **señora**.

Seguí siendo amable y cada vez me sentía de mejor **humor**.
Por la noche mi papá se quedó dormido frente al **televisor**.

Era una noche fría, ¿y si se **enfermaba**?
Le puse una manta por encima mientras le **besaba**.

Ayudé a mi hermana a atarse
el cordón de su **zapatilla**.
Y me puse muy contento
al ver su sonrisa de **duendecilla**.

La verdad, ser amable es muy **sencillo**.
Fui a ver a mi vecino y le regalé un **pastelillo**.

Regué sus flores y era mejor que hacer deberes.
*¡Ser amable es como tener **superpoderes**!*

Ya no me comporto de la misma manera que **antes**.
No molesto a otras personas, ni tiro los **guisantes**.

Ahora no soy egoísta y comparto mis **juguetes**.
Tampoco grito, ni me río de los niños **regordetes**.

Ser amable es algo muy fácil de **aprender**,
tienes que hacer cosas solo para **complacer**.

Ayuda a otras personas y fíjate en lo que te **digo**:
"Si eres amable, otras personas serán amables **contigo**".

Cómo ser amable

Ser amable es cuando ayudamos a alguien o le hacemos sentir bien sin esperar nada a cambio. Ser amable es una de las mejores cosas que los padres pueden enseñar a sus hijos. Es una forma divertida de unir aún más a la familia. Los niños aprenden a ser compasivos y a ayudar a otras personas. Cualquier acto de amabilidad, da igual que sea grande o pequeño, puede lograr un cambio, especialmente cuando se hace desinteresadamente.

Ideas para ser amable

Enviar un mensaje bonito a alguien	Felicitar a otra persona	**Abrir la puerta a alguien**	Ayudar a un/a hermano/a	**Dar un regalo**
Invitar a cenar a otra persona	**Donar libros viejos**	Sonreír	**Ordenar la habitación sin que nadie lo diga**	Darle un caramelo al conductor del autobús
Decirle a alguien de tu familia lo mucho que le quieres	Ayudar a hacer la cena	**Reciclar**	Recoger basura	**Dar un abrazo**
Dejar que alguien te gane	**Pedir ser voluntario**	Dar las gracias	**Hacer galletas para los bomberos o la policía**	Escribir una carta de agradecimiento

Nota del autor:

Muchas gracias por comprar este libro y conocer a Lucas.
Si te ha gustado, puedes dejar un comentario
o recomendárselo a otra persona.

Para más información, visita mi página web:
www.aliciaortego.com

De nuevo, ¡muchas gracias por tu apoyo!

~ **Alicia Ortego**

¡Escanea el código de abajo y consigue tu regalo gratis ahora!

"Cuando trabajamos para iluminar a los demás, iluminamos naturalmente nuestro propio camino".

~ Mary Anne Radmacher

www.ingramcontent.com/pod-product-compliance
Lightning Source LLC
Chambersburg PA
CBHW041934160426
42813CB00103B/2926